PROBADME AHORA EN ESTO

La mejor manera de manejar tu dinero según la Biblia

Enrique Santos P.

BARKER & JULES®

BARKER & JULES®

Probadme ahora en esto
La mejor manera de manejar tu dinero según la biblia

Edición: Barker and Jules™
Diseño de Portada: Barker & Jules Books™
Diseño de Interiores: María Elisa Almanza | Barker & Jules Books™

Primera edición - 2021

I.S.B.N. | 978-1-64789-472-6
I.S.B.N. eBook | 978-1-64789-473-3

BARKER & JULES, LLC
2248 Meridian Blvd. Ste. H, Minden, NV 89423
barkerandjules.com

A Dios y solo a ÉL, sea toda la Gloria y todo reconocimiento que este libro pudiese tener.

ÍNDICE

PRÓLOGO **9**

INTRODUCCIÓN **13**

I. PROBADME AHORA EN ESTO

La promesa financiera de Dios 16

II. UNA HONRA CON PROMESA

El primer mandamiento con promesa 25

III. UNA ADMINISTRACIÓN FIEL

Se nos requiere una administación eficaz 31

IV. CALCULAR LOS GASTOS

La necesidad del presupuesto 41

V. NO CODICIARAS

El secreto para no endeudarse innecesariamente 51

VI. EL TESORO PRECIOSO

La importancia del ahorro 61

VII. PRESTARLE A DIOS

Ser fuente de bendición para otros 71

VIII. EL DINERO QUE TRABAJA

Las inversiones según la Biblia 79

IX. HERENCIA DE LOS PADRES

El patrimonio para los hijos 89

DEL AUTOR **99**

Prólogo

Siempre agradecemos el tiempo que alguien se toma para enseñarnos de su propia experiencia y hacernos más fácil la vida en nuestras diversas dinámicas en el día a día. Y de todas las áreas de vida en las que diariamente tomamos decisiones, las finanzas son una de las más importantes y delicadas. Las consecuencias de tomar malas decisiones económicas repercuten no solo en nuestros bolsillos, sino en nuestra salud, en nuestras relaciones, y en nuestro desarrollo espiritual.

Es por ello qué Cristo puso al dinero y su sabia administración como uno de los temas principales de su enseñanza. Sabía los riesgos que corríamos si no manejamos bien nuestras finanzas y si no tenemos una actitud correcta hacia el dinero y todo aquello que se relaciona con éste. Se estima que Jesús solo habló más del amor, que del dinero. Con esto nos damos cuenta de la relevancia del tema para nuestra propia vida.

El autor aborda temas que se reconocen como pilares de una sabia administración del dinero y que se sustentan en sólidas bases bíblicas. Además, como el mismo menciona, se añade la riqueza de su propia experiencia, no solo en la abundancia, sino también en la adversidad. Esto solo añade más peso a los argumentos que se presentan y a las ideas que se proponen.

El enfoque con el que se abordan los temas es positivo, preventivo y con un estilo familiar y sencillo. No se tiene que ser un especialista o profesional de las finanzas para comprenderlo y lo más importante, aplicarlo. Con su experiencia como asesor y consultor el CP Enrique Santos presenta cuadros fácilmente comprensibles de aspectos financieros que incluyen la elaboración y ejecución de presupuestos, las actitudes correctas hacia el dinero, la práctica de la generosidad, la previsión para el futuro, y como invertir sabiamente los recursos con los que contamos de la mejor manera.

Nuestra invitación es a abordar los temas con detenimiento a fin de detectar las áreas de oportunidad en nuestras propias dinámicas financieras y aprovechar los recursos y conocimiento vertidos por el autor para mejorar nuestra administración personal. Los conceptos aplican por igual también a proyectos empresariales o a negocios personales por lo que son doblemente provechosos.

Felicitamos al CP Enrique Santos por su iniciativa, dado que los tiempos actuales son tiempos desafiantes para cualquiera en materia financiera, recordándonos que a pesar de ello, los principios de la Palabra de Dios aplican para cualquier persona, en cualquier época y en cualquier contexto.

CPC Gilberto Cordero

Introducción

Metí la mano en el bolsillo de mi pantalón, solo para tocar nuevamente la moneda, era una moneda de $0.50 centavos pesos mexicanos, (la original se encuentra en la portada) era todo mi capital de hacía tres días, ¿Qué podría comprar con esa moneda? ¡nada! Era el año del 2014 y estaba viviendo la peor racha económica de mi vida, un año atrás me había divorciado, las malas decisiones me habían traído hasta aquí. Sin empleo, sin automóvil, sin dinero. Yo que anteriormente había tenido una vida profesional exitosa, ahora me encontraba así, muy dentro de mi corazón escuchaba una voz que me decía. - “es necesario que pases por un proceso, si quieres volver al redil”.

Agradezco a Dios y a ti querido lector, el que este libro se encuentre en tus manos, mi deseo es que seas bendecido con las verdades bíblicas expuestas aquí y que las herramientas financieras compartidas por un servidor sean de mucha utilidad para tu vida.

El dinero es un tema delicado en toda relación, por lo que la palabra de Dios no deja de considerarlo y darle la importancia debida, es conocido por todos que un mal manejo del dinero por desconocer cómo administrarlo, llega a convertirse en el lazo del cazador, en el yugo de opresión e incluso en la tribulación del cristiano. De ahí surge mi intención de poner en manos del pueblo cristiano algunos consejos bíblicos y de manera muy sencilla ciertas herramientas financieras para una mejor administración de los recursos financieros.

Si partimos de la base bíblica que dice 2 Timoteo 3:16 que **“Toda la escritura es inspirada por Dios…”** entendemos entonces que el Deseo de Dios respecto al dinero está plasmado por el Apóstol Juan en 3 Juan 1:2 al decirnos que su deseo es que al igual que **“tengamos salud y**

prospera nuestra alma seamos prosperados en todas las cosas" y esta palabra "**todas las cosas"**, implica una tranquilidad económica que no nos robe la paz de Dios.

Si, querido lector, Dios quiere que seas prosperado en todas las cosas, pero su palabra condiciona esta prosperidad a ciertas tareas entre las cuales mencionare algunas de ellas en este libro, aventurémonos juntos a analizarlas esperando sea nuestra vida edificada también en el aspecto económico.

I. Probadme ahora en esto
La promesa financiera de Dios

"Probadme ahora en esto, ...si no os abriré las ventanas de los cielos, y derramare sobre vosotros bendición hasta que sobreabunde."

Mal. 3:10

La parte fundamental de todo esto descansa en la promesa financiera de Dios sobre nuestra vida, él es nuestro proveedor, él es nuestro sustentador y para el análisis de este libro partiremos de la base que todo lo recibimos de su mano. Tal y como lo exclamo David, **"Todo es tuyo y de lo recibido de tu mano te damos......Oh Jehová Dios nuestro, toda esta abundancia que hemos preparado para edificar casa a tu santo nombre, de tu mano es, y todo es tuyo."** 1 Crónicas 14 y 16.

Reconociendo esto podemos asegurar que, desde la capacidad para trabajar, la gracia ante nuestros jefes laborales, la empatía con nuestros compañeros de trabajo y la remuneración o salario recibido, son bendiciones de Dios, todo procede de él, y de lo recibido de su mano le damos financieramente lo que le corresponde, diezmo y ofrendas.

Una evidencia indudable de un corazón agradecido es el retribuirle a Dios lo que le pertenece, o dicho de otra manera lo que nos pide como parte de lo recibido, esa décima parte establecida en el antiguo testamento que para algunos representa un sacrificio desprenderse, no voy a tocar la sustentabilidad bíblica de este compromiso, solo mencionaré que, por la dureza del corazón del hombre, se establecieron de manera legal acciones que debieron formar el carácter del pueblo de Dios. Ahora en la gracia, con un corazón redimido, no debiera existir ninguna carga legal para cumplir voluntariamente con nuestro compromiso de retribuir a Dios parte de lo recibido, incluso en una retribución que para nada tenga limite porcentual, hablo de pagar no el 10% sino quizá hasta más, ya que la gracia a perfeccionado el amor de Dios en nosotros y el carácter del cristiano lo debe manifestar en dar con alegría, sin tristeza, sin limitación alguna.

Por eso ante el tema de las aportaciones económicas del verdadero hijo de Dios, trátese de diezmo u ofrendas debe ser de acuerdo a los siguientes parámetros que, en el nuevo testamento, en la dispensación de la gracia, nos presenta el Apóstol Pablo;

1 Corintios 16:2;

<u>Periodicidad</u> **"cada primer día de la semana cada uno de vosotros ponga aparte algo"** Aunque aquí se establece como cada primer día de la semana, no necesariamente debe ser tomado como tal, que cada domingo sea cuando se entregue nuestra aportación, trátese de diezmo u ofrenda, ¿porque señalo esto?, bueno por la sencilla razón de que como empleados de algún patrón, no siempre se nos paga nuestro salario de manera semanal, entonces entiéndase que conforme al periodo que hayamos recibido nuestro salario, debemos contribuir con la parte que le pertenece a Dios, lo que sí es importante observar es que esto habla de que nuestra aportación sea cada cierto periodo, esto es de acuerdo al periodo en que se recibe un salario, semanal, quincenal o mensual se debe apartar lo que corresponde al Señor. Y al mencionar cada primer día de la semana, se refiere a que nuestro pago a Dios debe ser sin demora alguna, o sea en cuanto recibo mi salario, lo primero que debo hacer es **"poner aparte algo"** Esto quiere

decir que aun antes de distribuir nuestro salario, debemos apartar lo que a Dios le pertenece.

Variabilidad **"según haya prosperado"** Hay que resaltar de manera importante lo que aquí dice la Palabra de Dios, dando por hecho que en Dios es posible prosperar, nótese que no dice, según le haya ido, esto contemplaría la posibilidad de que a alguien le haya ido mal, descarta por completo eso e indica lo contrario de ello, **"según haya prosperado"** En Dios hay prosperidad para todo aquel que busca primeramente el reino de Dios, De tal forma lo estableció Dios en la antigüedad que cuando comenzó a establecer las fiestas señala diciendo **"y ninguno se presentara delante de mí con las manos vacías"** Éxodo 23:15, Dios jamás te mandara con las manos vacías, por lo tanto no tienes excusa de presentarte de esa manera ante su presencia.

Por otro lado, esto sin definir un porcentaje señala que debe haber relación de lo que se ofrenda en cuanto a la prosperidad que se haya tenido en el periodo en cuestión. Mayormente cuando no se tiene un salario fijo, la ofrenda y diezmo varían en relación a la prosperidad que se haya tenido.

2 Corintios 9:17

Agradecimiento **"cada uno como propuso en su corazón, no con tristeza, ni por necesidad, porque Dios ama al dador alegre"** esto descarta todo sentido de obligatoriedad, no es por obligación es por agradecimiento, quizá esa sea la diferencia de porque no se prospera aun cuando estamos diezmando, será que lo aportamos por obligación, con tristeza, y en nuestro corazón no existe el propósito de ofrendar en esa medida, recuerda; **Dios ama al dador alegre.**

El verdadero cumplimiento de este compromiso nuestro con el corazón correcto trae consigo dos promesas financieras de parte de Dios, que surgen de la expresión; - **"Probadme ahora en esto......si no"** Malaquías 3:10. Queriendo decir, hagan su parte de la manera correcta y verán si no hago mi parte, ¿en qué consiste esa parte que le toca a Dios? En dos promesas; la primera dice el mismo versículo 10, **"Derramare sobre vosotros bendición hasta que sobreabunde"**, la segunda promesa lo señala el versículo 11, **"Reprenderé también por vosotros al devorador y no os destruirá el fruto de la tierra, ni vuestra vid en el campo será estéril"**

“Derramare sobre vosotros bendición hasta que sobreabunde”

Analicemos esta promesa con la siguiente pregunta, ¿Por qué bendice Dios a quien aporta su diezmo y ofrenda? Sencillamente porque está contribuyendo económicamente a los intereses de su obra al apoyar el sostenimiento del trabajo ministerial. Desde el tiempo antiguo con el pueblo de Israel, Dios estableció que del fruto de los diezmos y ofrendas se sostendrían los levitas, pueblo dedicado por completo al servicio de Dios, lo menciona en Deuteronomio 18:1-5, hablando del sustento económico de este pueblo dice enfáticamente en el versículo 1, **“de las ofrendas quemadas a Jehová y de la heredad de él comerán”** Porque su trabajo es servir a los intereses del reino, lo señala en versículo 5 **“porque le ha escogido Jehová tu Dios de entre todas tus tribus, para que este para administrar en el nombre de Jehová, él y sus hijos para siempre”**

Este mismo principio prevalece en el tiempo de la gracia, Dios sigue teniendo cuidado de su sacerdocio ministerial, sigue siendo de su interés el sustento de las personas que atienden este encargo, es por eso que la bendición de Dios permanece sobre aquellos que generosamente contribuyen económicamente al sostenimiento de su obra, Pablo hace mención de ello en 1 Corintios 9:1-14 terminando su exposición con estas palabras "¿no sabéis que los que trabajan en las cosas sagradas, comen del templo, y que los que sirven al altar, del altar participan? Así también ordeno el Señor a los que anuncian el evangelio, que vivan del evangelio"

Esta es la razón por la que Dios bendice a aquel que se enamora de su obra y con un corazón alegre contribuye, periódicamente y según haya sido prosperado.

"Reprenderé también por vosotros al devorador y no os destruirá el fruto de la tierra, ni vuestra vid en el campo será estéril"

Por otro lado, la segunda promesa de esta bendición consiste en una retribución de parte de Dios en defender nuestros intereses económicos, como si se tratara de una forma de corresponder al igual en cuanto a que si nosotros tenemos cuidado de su obra, ahora el tendrá cuidado de que nuestra obra aquí en la tierra no sea dañada por el devorador.

¿Cómo actúa el devorador en nuestra economía? Devorando nuestro dinero a través de gastos imprevistos tales como; medicinas, descomposturas del hogar, descomposturas del vehículo, puede llegar a ser incluso en cierre de nuestra fuente de trabajo, en fin, todo aquello que representa un gasto no previsto o una situación económica grave.

Con esto entendemos que importante es identificar el origen de nuestras bendiciones y descifrar el secreto de permanecer en ellas. Por eso cuán importante es comprender Mateo 6:33 **"Mas buscad primeramente el reino de Dios y su justicia, y todas estas cosas os serán añadidas"**

Esto se traduce de la siguiente manera, antes que buscar y velar por mis intereses, debo velar por los intereses del reino de Dios y entonces, hasta entonces Él, velara por mis intereses, añadiéndome todas estas cosas, cuales cosas; dice el pasaje de Mateo 6, "¿Qué comeremos, que beberemos y que vestiremos?"

Aceptemos pues el reto que Dios nos está haciendo con esta promesa financiera, probémosle ahora, dispongamos con un corazón alegre, apartar cada primer día de la semana, según hayamos sido prosperados el diezmo y ofrenda para el sostenimiento de su obra.

Querido lector, Dios esta presto a cumplir su promesa, pero quiere ver en nosotros la sabiduría necesaria para manejar dicha bendición, porque la falta de prudencia de nuestra parte puede traernos tristeza y recuerda **"La bendición de Jehová es la que enriquece y no añade tristeza con ella"** Proverbios 10:22. Te invito a que te prepares en el conocimiento que la Palabra de Dios te quiere aportar y algunas técnicas para hacer de esta bendición de Dios una buena administración.

Como último punto de este capítulo déjame decirte algo muy importante; Dios bendice el carácter diligente del hombre, no así la negligencia, **"Los pensamientos del diligente ciertamente tienden a la abundancia; mas todo el que se apresura alocadamente, de cierto va a la pobreza"** Proverbios 21:5, Con esto quiero señalar algo muy importante, Dios esta presto para bendecirnos si actuamos de la manera correcta en corresponderle, pero nosotros debemos hacer nuestra parte, ¿En qué consiste nuestra parte? En ser trabajadores diligentes con nuestro trabajo, el verdadero hijo de Dios está obligado a dar testimonio de responsabilidad y excelencia en su trabajo. Dios provee en abrirnos puertas de oportunidades, de nosotros depende mantener abiertas esas puertas para que siga fluyendo la bendición de Dios. Esto es entonces, una exigencia de madurez en nuestro carácter laboral y profesional.

II. Una honra con promesa
El primer mandamiento con promesa

"Honra a tu padre y a tu madre, como Jehová tu Dios te ha mandado, para que sean prolongados tus días, y para que te vaya bien sobre la tierra que Jehová tu Dios te da"
Deuteronomio 5:16

Después de reconocer y darle la honra a Dios como el sustentador de todas nuestras necesidades y pactar con El, en la exhortación que nos hace de probarlo en el cumplimiento y obediencia financiera del diezmo y ofrendas, en segundo lugar, debemos acatar este noble mandamiento que señala Deuteronomio 5:16, el cual no debiera traer consigo la promesa **"para que te vaya bien sobre la tierra que Jehová tu Dios te da"** debiera solo bastarnos el cariño y amor que le debemos retribuir a quienes nos dieron la vida, nuestros padres, para honrarlos, sin embargo

Dios adiciona en este mandamiento, una gran bendición, que seas de larga vida y tengas éxito en lo que emprendas es lo que nos quiere decir.

No podemos desprender la promesa financiera que mencionamos en el capítulo I, de esta condicionante, porque si bien es cierto que Dios promete abrirte las ventanas de los cielos y derramar bendición hasta que sobreabunde, según Malaquías 3:10, dicho de otra manera, entregarte una tierra rica y prospera. Pero de esa bendición que tu recibes, esa tierra rica y prospera que bien puede ser tu trabajo o negocio, para que te vaya bien, según Deuteronomio 5:16, Dios espera que honres a tus padres, para que ahora sí, se cumpla efectivamente la promesa de que en la tierra que Dios te dio, te vaya bien y tengas larga vida.

Entendámoslo de esta manera, Dios puede bendecir tu fidelidad financiera a Él, tu cumplimiento en el apoyo económico del ministerio y darte un excelente trabajo o abrirte la oportunidad en un prometedor negocio, a esto le llamamos **"la tierra que Jehová tu Dios te da"** Deuteronomio 5:16 que viene como resultado de que Dios abrió para ti las ventanas de los cielos que dice Malaquías 3:10. Pero que sucede si falta honra para tus padres de parte tuya, desaparece la promesa que trae implícito el mandamiento y en esa tierra (trátese de trabajo o negocio) que Jehová tu Dios te dio, ni te va a ir bien, ni serán tus días prolongados.

¿En qué consiste honrar a tus padres?

Bueno, veamos lo que Jesús señalo al respecto en Marcos 7:10 -13, lógicamente la primera forma de honrarlos es bendiciéndolos vs 10; **Porque Moisés dijo: honra a tu padre y a tu madre; y: El que maldiga al padre o a la madre, muera irremisiblemente"** como podemos ver aquí, maldecir es hablar maldad, entonces por el contrario honrar es bendecir, lo cual significa decir y desear cosas buenas para ellos, esto involucra una acción de alta estima, reverencia hacia ellos, una consideración de respeto hacia lo que ellos opinan y aconsejan. Pero la honra todavía va más allá, vs 11; **"Pero vosotros decís: Basta que diga un hombre al padre o a la madre: Es Corban (que quiere decir, mi ofrenda a Dios) todo aquello con que pudiera ayudarte,"** La palabra Corban en su original hebreo, quiere decir "regalo ofrecido a Dios" haciendo referencia a Levítico 1:2, en donde los hombres de corazón duro, le decían a sus padres, todo lo que tengo y pudieras ser beneficiado lo tengo en Corban o sea dedicado a Dios, por lo que ya no puedo darte nada de ello y con eso se quitaban de toda obligación de ayudar económicamente a sus padres, los hombres torcieron la ley para su conveniencia, tal como dicen los vs 12 y 13 del mismo capítulo 7 de Marcos; **"y no le dejáis hacer más por su padre o por su madre, invalidando la palabra de Dios con vuestra tradición que habéis transmitido. Y muchas cosas hacéis semejantes a estas"** entonces entendemos que la honra a nuestros padres si involucra apoyo económico y no solamente apoyo moral.

Por eso, que tan importante es comprender que el manejo del dinero según la biblia es atender los principios básicos de honra, primero para Dios y luego para nuestros padres.

Mis padres no se merecen la honra

Ante este tipo de argumentos, trátese de la razón que se trate para pensar de esa manera, la biblia no nos condiciona la honra al concepto propio que tengamos de nuestros padres, simplemente no encuentro en el mandamiento citado, la parte que diga, "siempre y cuando tus padres se hayan ganado tu honra, hónralos" ¡NO! No está en nuestra competencia decidir quién debe ser honrado y quien no, ¿son tus padres? Hónralos, ya vendrá el encargo a los padres al decirles **"Y vosotros, padres, no provoquéis a ira a vuestros hijos"**

Efesios 6:4. Pero ese es tema de Dios con tus padres, no te corresponde a ti, juzgar si merecen ser honrados o no, cierto hermano cristiano, me decía respecto a este mandamiento. - Nos conviene honrar a nuestros padres, simplemente hasta por conveniencia, esto trae promesa.

Creo que con lo ya señalado es suficiente respecto a este tema, aquí lo importante es que sepas que la biblia condiciona tu prosperidad a la honra que le des a tus padres, podrás ser un trabajador exitoso, esforzado, o un hombre de negocios con éxito, pero si en tu vida falta la honra a tus padres, en la medida que tu corazón lo dicte, con el detalle que tu sientas hacerlo (en los casos en que nuestros padres no tengan necesidad económica), con tu tiempo que también tiene un costo más que económico, si no lo estás haciendo, la biblia es clara al decir que no habrá prosperidad en tu vida y los temas y ciertas técnicas que a continuación te comparto, no te serán de gran ayuda, es por eso que mi aportación es la mejor manera de manejar tu dinero según la biblia, y el apoyar y honrar a tus padres forma parte de esa mejor manera que la biblia te está enseñando.

III. Una Aministración fiel
Se nos requiere una administación eficaz

"Ahora bien, se requiere de los administradores, que cada uno sea hallado fiel"
1 Co. 4:2

Una vez que hemos comprendido la promesa financiera que Dios nos ha entregado, vista en el primer capítulo, y que hemos reconocido según el segundo capítulo, el compromiso que tenemos con Dios de honrar a nuestros padres, para ser poseedores de la promesa que involucra el que nos vaya bien en la tierra que Jehová nuestro Dios nos ha dado. Veamos ahora lo que nos compete a nosotros hacer en cuanto a ser eficientes y diligentes con las bendiciones que recibimos de parte suya. Y esto es, administrar lo que es de él, no olvidemos entonces que para cumplir el mandato de darle de lo recibido de su mano como lo mencionamos en el primer capítulo, debemos ejercer buena administración para cubrir nuestras necesidades y cubrir la parte que le corresponde a él, solo piensa en esto, ¿Cómo nos veríamos administrando un dinero ajeno cuyo dueño nos ha hecho el encargo que le separemos el diez por ciento y no lo gastemos por nada del mundo y cuando nos pide cuentas resulta que le gastamos todo el dinero y ni siquiera cumplimos con la orden de reservarle esa décima parte que nos pidió? Lógicamente nos veríamos como unos pésimos administradores porque no hicimos el trabajo como se nos encargó

Recuerda algo muy importante, nosotros solo somos administradores no somos dueños, el único dueño es Dios, él nos confiara únicamente lo que él considera que somos capaces de administrar. Esto lo vemos en la parábola de los talentos que se encuentra en Mateo 25:14-30 La cual nos refiere a un hombre rico que llamando a sus siervos les dio en encargo conforme a sus capacidades, a uno cinco talentos, a otro dos, y a otro uno, esto dice la biblia, **"a cada uno conforme a su capacidad"** ¿capacidad de qué? Capacidad de administrar.

Mira, Dios es un Dios de orden, y dentro del orden establecido por él, no te va a dar más de lo que tú puedes administrar, desde el Génesis se puede apreciar que Dios trabaja de manera ordenada, nunca improvisando nada, existe un plan y un orden en la creación, lo mismo sucede con la construcción del arca de Noé fue dictada con un orden.

Posteriormente este orden lo vemos en la administración que tuvo Moisés sobre el pueblo de Israel la cual se logró a base de delegar funciones en **"varones de virtud, temerosos de Dios, varones de verdad, que aborrezcan la avaricia; y ponlos sobre el pueblo por jefes de millares, de centenas, de cincuenta y de diez. Ellos juzgaran al pueblo en todo tiempo; y todo asunto grave lo traerán a ti, y ellos juzgaran todo asunto pequeño."** Éxodo 18:21,22. Esto no es otra cosa sino una lección de administración a través de la delegación de funciones que hasta la fecha es utilizada en las empresas a través del organigrama.

Y así la biblia entera nos muestra un orden en la actividad de Dios, de tal forma que en el nuevo testamento el Apóstol Pablo lo encarga a los Corintios en su primera carta **"pero hágase todo decentemente y con orden"** 1 Corintios 14:40. Por lo tanto como hijos de Dios no estamos exentos de manifestar orden en nuestra manera de actuar, incluyendo nuestro actuar financiero.

Se nos demanda tener orden en el aspecto financiero, la biblia habla tanto del dinero como del cielo y el infierno, tanto que el Apóstol Pablo lo menciona en 1 Timoteo 6:10 **"raíz de todos los males es el amor al dinero, el cual codiciando algunos, se extraviaron de la fe"** por eso el tema es para Dios de vital importancia, en el sentido de que el hombre se ubique en lo que le corresponde hacer y esto es; solo somos administradores de los bienes que él nos ha confiado y esto representa una responsabilidad de administrar dichos recursos con fidelidad y con el orden del que ya hablamos. En realidad, no solo es el recurso económico o financiero del que somos responsables, sino también del tiempo que es otro recurso y no es renovable, el tiempo se va y no vuelve, de igual manera somos responsables de nuestra salud la cual es otro recurso que se nos ha confiado día a día, pero, en fin, el tema o recurso que nos compete en esta obra es el dinero, el cual considero de mayor facilidad administrar por ser tema de mi competencia profesional.

Te preguntaras estoy consciente de esto, pero ¿Cómo debo hacerlo o que debo hacer para administrar mi dinero? Pues bien, si la biblia es muy clara al decir que el deseo de Dios es que seamos prosperados en todas las cosas, es importante en primer lugar aprender a administrar lo que se nos va a confiar y aquí surge la primera herramienta necesaria para ello, propiamente hablo de aprender lo que es la administración.

La administración consiste en un proceso de cuatro etapas; Planeación, Organización, Dirección y Control, analicemos cada una de ellas de manera breve y por separado

Planeación

Toda tarea o actividad que emprendemos en la vida diaria para que tenga éxito requiere ser planeada, aunque dicen por ahí que las cosas resultan mejor cuando no se planean, puede ser cierto, pero en cuestión de dinero no es así, ya que el origen de nuestro problema en administrar nuestras finanzas es porque no planeamos nuestras salidas de dinero. ¿Cómo entonces podemos aplicar esta fase del proceso administrativo en nuestra vida? En primer lugar, debemos establecer para nosotros ciertas reglas o normas de comportamiento, ¿Cómo es esto? ¿qué tipo de vestir debo comprar? según mi nivel de ingresos considerando en algunos casos la actividad laboral que desarrollo, por si esta me demanda cierto tipo de vestimenta. Cuando salga a comer fuera de casa, ¿qué nivel de restaurant puedo pagar?, ¿qué clase de auto puedo tener?,

¿a cuántos eventos sociales puedo asistir? y de qué importe será el presente que deseo llevar, e identificar estos en un calendario anual de conformidad a las fechas de cumpleaños de parientes y amigos.

Como podemos apreciar, de antemano estoy planeando los desembolsos que puedo realizar aun con bastante anticipación y ¿porque no? aprovechar ofertas en tiendas de descuento para ir comprando de antemano dichos presentes.

Entonces como buen administrador que deseo ser, debo en primer lugar planear; que voy a hacer con mi dinero, cuando lo voy a utilizar, cuanto voy a asignar a cada evento, como lo voy a distribuir, en otras palabras, estoy tratando de trazar ahorita con los eventos identificados un futuro a suceder y del cual quiero anticiparme en el aspecto económico.

Organización

Una vez que hemos definido o identificado por llamarlo de algún modo nuestro nivel de ingresos, dentro de una prudente austeridad como lo señala la biblia, y planeado todas las salidas de egreso que normalmente tenemos, vamos llevando a cabo la segunda tarea del proceso, organizándolas, ¿cómo es esto? Esto consiste en identificarlas en un orden de mayor a menor importancia, en el sentido de

requiere más todavía, hay que estar conscientes que eventualmente habremos de fallar en la Dirección, bueno, debo decirte que no todo está perdido, tenemos esta última etapa en la cual retomaremos el control de nuestra tarea administrativa, pero deberemos hacerlo con mayor disciplina, su nombre por sí mismo lo indica, debemos tener el control del manejo del dinero en absoluto.

Cuando he compartido pláticas sobre manejo de dinero, les digo a mis oyentes, el dinero no se sale solo de nuestra cartera o sea, no tiene voluntad propia, nosotros lo sacamos del bolso o cartera conscientes de ello, por lo que he sugerido que lleven consigo una libreta y apunten en ella todos los pagos que realizaron durante el día en efectivo, de esta manera llevaran un control de todas las salidas de dinero que realizan en efectivo, aun las monedas que considere regalar al indigente en la calle, o al que le ayudo con las bolsas en el supermercado, registre lo que planeo y organizo para tal efecto, llevando un control de todas sus salidas de efectivo. Para que esto funcione mejor, te voy a sugerir dos cosas; primero no lleves contigo más efectivo del que debes traer, por seguridad y para minimizar el control de ello. Segundo no cargues tu tarjeta de crédito a menos que vayas a utilizarla en algo que este considerado en tu plan y lo hayas organizado adecuadamente, nunca salgas con ella pensando en “algo se puede ofrecer” cierto amigo mío me decía, “cuando traes dinero contigo todo se te ofrece y cuando no traes dinero, nada se te antoja”

A veces llevar un buen control duele, en el buen sentido de la palabra, solo recuerda si alguna vez estuviste a dieta alimenticia, ¿no te dolía andar antojado? O un régimen de ejercicios duele la masa muscular que estás ejercitando, por eso, solo piensa en esto, un buen control de su administración requiere disciplina.

IV. Calcular los gastos
La necesidad del presupuesto

"Porque ¿quién de vosotros, queriendo edificar una torre, no se sienta primero y calcula los gastos, a ver si tiene lo que necesita para acabarla"
Lucas 14:28

En este pasaje del versículo 25 al 33 de Lucas 14, el Señor Jesús nos confronta a que las decisiones importantes de nuestra vida debemos tomarlas con la mayor prudencia posible, y cita dos ejemplos muy claros, edificar una torre o bien enfrentar un enemigo, en ambos casos debemos ser cautelosos, minuciosos al evaluar lo que cuesta llevarlas a cabo, ambas representan riesgos si no somos serios en evaluar lo que tenemos, queriendo decir no nos metamos en tales situaciones nada más por meternos. Si no estamos dispuestos a pagar el precio que representan, mejor no nos embarcamos en ello. Así mismo es la decisión de seguir a Cristo, es una decisión muy seria, que se debe considerar como tal, si realmente queremos ser sus discípulos debemos estar conscientes de lo que cuesta seguir a Cristo, porque él no acepta una entrega a medias.

De la misma manera, no podemos aventurarnos a construir algo con el riesgo de quedarnos a medias por falta de recursos, es por eso que el pasaje mismo comienza con una pregunta con carácter lógico, "¿Quién de vosotros? **No se sienta primero y calcula los gastos"** resultaría ilógico pensar en hacer algo sin considerar lo que cuesta, -Pues querido lector, déjame decirte que, aunque ilógico, es común en la mayoría de los casos, no hacer presupuestos, generalmente no hacemos presupuestos, y resulta que al final de la semana, quincena o mes, según el periodo que recibimos nuestros ingresos, no alcanzamos para pagar lo más indispensable.

Es por eso que evaluar los gastos antes de cualquier cosa, tal como lo señala la misma parábola, es un principio de prudencia, antes de emprender cualquier empresa en nuestra vida que represente riesgo, ¿riesgo de qué? De quedarnos sin dinero, hay que cuantificarlo, seamos cautelosos, previsores antes de iniciar algo que nos comprometa en alguna situación. Así sea el gasto de la semana, una salida a comer fuera de casa, una salida a un centro de diversión, etc. Entonces querido lector, si queremos seguir el consejo de la palabra de Dios, en ser cautelosos, manos a la obra, iniciemos con esta herramienta llamada presupuesto, el cual lo realizaremos en sus dos fases; Elaborando el presupuesto y Controlando el presupuesto.

Elaborando el presupuesto

¿Qué significa presupuesto?, es un plan que considera todas las actividades necesarias para lograr un objetivo, traducidas estas en términos monetarios, así de simple. Quiero ir a visitar parientes a otra ciudad. Debo traducir todas las actividades que debo hacer para lograr esto, en términos económicos, si me traslado en vehículo propio, debo considerar el gasto de gasolina, cuotas de peaje (costo por usar autopistas) alimentación durante el traslado, hospedaje si es que no voy a ser hospedado por mi familia, y demás gastos durante mi estancia en aquella ciudad. Ya una vez que identifico cada gasto, obtengo el total y ese será mi presupuesto necesario para logar el objetivo de visitar a mis parientes en otra ciudad. Debo ser cuidadoso de considerar todas las actividades que representan algún gasto, para no correr el riesgo de quedarme sin fondos y con ello no lograr mi objetivo.

¿Pero que, sucede si una vez hecho el presupuesto resulta que supera mi capacidad de ingreso?, Bien entonces debo ajustar alguna de las actividades para que no suceda eso, ¿Cómo? Buscando alternativas más económicas ya sea en alimentación u hospedaje, ya que la gasolina no puedo disminuirla ni los pagos de peaje, como veremos aquí tenemos dos tipos de gastos, unos que podemos controlar y otros que no podemos controlar, en términos económicos vamos a llamarles de la siguiente manera para su mejor identificación, los gastos que no podemos controlar, tales como la gasolina y la cuota de peaje, serán llamados gastos fijos, y los gastos que podemos controlar, tales como la alimentación y el hospedaje y los demás necesarios en nuestra estancia, serán llamados gastos variables. así será más fácil trabajar con ellos para elaborar el presupuesto.

Primero cuantificaremos los gastos fijos, los que no podemos disminuir, el recorrido nos demanda cierto consumo de gasolina que no podemos controlar, de igual manera el costo de peaje no podemos evitarlo. Ya una vez que tenemos esto cuantificado, y hemos designado cierta cantidad para el viaje, entonces le restamos a esa cantidad designada lo que nos gastaremos en los gastos fijos y el resto será para gastarlo en los variables, ejemplo;

Presupuesto de viaje;		
Cantidad asignada al viaje		$ 8,000.00
Gastos fijos;		
Consumo de gasolina	$ 1,550.00	
Pagos de peaje	$ 420.00	
Total gasto fijo		$ 1,970.00
Resto para gasto variable		$ 6,030.00

Entonces ya una vez protegido el gasto fijo, el resto será administrado para el gasto variable, de igual manera sucede con el gasto ordinario que mensualmente realizamos para nuestra vida, partiendo de las “normas de comportamiento” que ya de antemano planeamos cuando hablamos del proceso administrativo en el capítulo III, hablamos de la planeación, estableciendo ciertos niveles de conducta.

¿qué tipo de vestir debo comprar? según mi nivel de ingresos considerando en algunos casos la actividad laboral que desarrollo, por si esta me demanda cierto tipo de vestimenta, cuando salga a comer fuera de casa, ¿qué nivel de restaurant puedo pagar?, ¿qué clase de auto puedo tener?, ¿a cuántos eventos sociales puedo asistir? y de ¿qué importe será el presente?

A todas estas actividades del diario vivir, asignémosles una cantidad monetaria para elaborar nuestro presupuesto, partiendo por identificar cuales conceptos son gastos fijos, o sea que no puedo cambiar en su importe, para posteriormente saber con cuánto dinero cuento para solventar mis gastos variables. Dicha separación de conceptos puede ser de la siguiente manera;

Gastos fijos;
Diezmo y ofrendas
Hipoteca de la casa o renta
Mensualidad del auto
Ahorro e inversiones
Colegiaturas

Gastos variables;
Servicios Luz, agua, teléfono, gas
Alimentación y despensa en general
Vestir
Varios
Gasolina
Deudas

En un estricto sentido, todos los gastos son necesarios, pero los gastos fijos tienen el carácter de ser montos fijados de manera permanente, no pueden ser cambiados a menos que se cambie de auto, o bien que se fije un nuevo monto de ahorro, en este grupo se considera el diezmo y las ofrendas, ya que estos van fijados en relación principalmente al ingreso obtenido, a menos que esto cambie.

En cambio, los gastos variables tienen la característica que pueden ser administrados en función al importe que se les asigno, (o bien pueden ser controlados en cuanto a su consumo, tal es el caso de los servicios de luz, agua, teléfono y gas o bien el uso del vehículo en cuanto a consumo de gasolina se refiere) habiendo quitado ya del ingreso total el monto correspondiente a los gastos fijos, tal es el caso de los servicios de luz, agua, teléfono y gas, estos pueden ser administrados en su consumo. A este mismo grupo pertenecen las deudas o bien la cantidad asignada para ello, tal como lo veremos en el capítulo V.

Controlando el presupuesto

En las empresas donde he establecido la herramienta del presupuesto, les he comentado a los empresarios, si se realiza un presupuesto sin el compromiso de darle seguimiento con un adecuado control presupuestal, no va a funcionar. Dicho de otra manera, si hacemos el presupuesto sin darle la debida importancia, solo va a convertirse en un ejercicio infructuoso, debemos considerarlo como una actividad de suma importancia, ser cautelosos en considerar todos los detalles, si es que queremos con ello ver lograda "la construcción de nuestra torre" y ¿cuál es la torre a construir en este caso? La administración de nuestro dinero, así de claro, porque la herramienta más básica para una administración es el presupuesto, pero vuelvo a insistir, sin un control presupuestal, no sirve de nada elaborarlo.

A la altura de este capítulo ya hemos comprendido de donde viene la bendición del dinero que manejamos, trátese de sueldo, honorarios o utilidades si es que somos dueños de algún negocio, en el capítulo primero lo analizamos bien, es Dios la fuente de toda bendición.

Posteriormente nos concientizamos que debemos actuar con responsabilidad en el manejo del dinero, ya que no es nuestro y solo somos administradores.

Luego hemos tenido la buena intención de presupuestar nuestros gastos, separando muy bien los fijos y asignando lo restante a los variables.

Ahora debemos poner especial cuidado en controlar dicho presupuesto.

En primer lugar, asignémosles porcentajes de participación a cada concepto, respecto al ingreso que obtengamos, la siguiente asignación puede servir de ejemplo;

Gastos fijos;	
Diezmo y ofrendas	11.0%
Hipoteca de la casa o renta	25.0%
Mensualidad del auto	8.0%
Ahorro e inversiones	8.0%
Colegiaturas	8.0%
	60.0%
Gastos variables;	
Servicios Luz, agua, teléfono, gas	4.0%
Alimentación y despensa en general	20.0%
Vestir	4.0%
Varios	4.0%
Gasolina	6.0%
Deudas	2.0%
	40.0%
	100.0%

En segundo lugar y ya una vez que tenemos los montos determinados según los ingresos, podemos para llevar un mejor control, metiendo en sobres cada monto, poniéndole fecha de compromiso de pago y rotulando el sobre con el concepto de gasto a que corresponde, de esta manera estaremos separando el dinero desde su obtención hasta su aplicación, no se toca el dinero de un sobre, sino es para la causa que corresponde. En muchos de los casos incluso te darás cuenta que te sobra dinero, lo cual bien puede acumularse al ahorro.

Sobra señalar en este punto el cuidado que habrá de tenerse al conservar dinero en casa, por la cuestión del ensobrado, para evitar esto es bueno utilizar las opciones actuales de manejar nuestra cuenta bancaria de manera digital en el móvil celular, a fin de identificar cada salida de dinero conforme al presupuesto.

La intención es que lleves un control de tus salidas de dinero tal como lo planeaste en tu presupuesto, en cuanto a monto, concepto y fecha.

v. No codiciaras
El secreto para no endeudarse innecesariamente

"No codiciaras la casa de tu prójimo, no codiciaras la mujer de tu prójimo, ni su siervo, ni su criada, ni su buey, ni su asno, ni cosa alguna de tu prójimo"
Éxodo 20:17

La manera incorrecta de endeudarse
En el tiempo antiguo, Dios tuvo que ser muy tajante al establecer estos mandamientos, no dejo opción ni alternativa, su instrucción fue muy precisa; "**No codiciaras**!" Lógicamente codiciamos lo que no tenemos, incluso cosas que consideramos no tan malas, que pudieran muy bien encuadrar en lo que termina diciendo el pasaje citado; "**ni cosa alguna de tu prójimo**", ¿Por qué es malo codiciar cosa alguna de mi prójimo? Su herramienta, su vehículo, su reloj, en fin, cosa alguna de él. Bueno, el problema al codiciar radica precisamente en ese

sentimiento vehemente por tener aquello, o bien un deseo voraz por conseguirlo, y esto ofende a Dios, ya que lo colocamos como un proveedor fallido para nosotros, porque no me ha concedido lo que tiene mi prójimo, y al decir no me ha concedido, queremos decir se ha equivocado en darme las cosas que me ha dado.

Entonces comencemos por entender la codicia;

1. Es querer cosas incorrectas

   Este es el peor de los escenarios de la codicia, cuando se desean cosas que además dañan mi relación con Dios, por el hecho de que ni siquiera debería pensar en querer tenerlas.

2. Es querer cosas correctas por razones equivocadas

   Quizá desear tener un vehículo no sea tan malo, pero si mi anhelo es tener el último modelo de una marca de vehículo, solo por presunción, estaré deseando algo por una razón equivocada.

3. Es querer cosas correctas en el momento equivocado

   Tal vez mi deseo sea tener el vehículo adecuado y no por presunción, pero no tengo actualmente la capacidad de pago para ello, debo seguir manejándome en el servicio público de transporte hasta llegado el momento que pueda adquirir el vehículo.

4. Es querer cosas correctas en cantidades erróneas
   Desear tener buena ropa y tener la capacidad de comprarla, en realidad no suena tan mal, todo depende que cantidad de ella quiera tener en mi guardarropa.

Y cuando esto se convierte en un fuerte deseo, ¿qué sucede? Si Dios no me ha proporcionado el dinero para ello, yo lo consigo aun sin tener dinero. Solo piensa cuales de tus deudas se han originado por un fuerte deseo de tener aquello, y en cuál de los cuatro motivos pudiera haber estado.

Déjame decirte algo muy importante, el anhelar algo bajo cualquiera de los cuatro motivos señalados, es un deseo de codicia y Dios no va a estar de acuerdo en satisfacerlo, y si Dios no te lo está concediendo, no es bueno que trates de tenerlo por tu propia cuenta, recuerda esto; **"La bendición de Jehová es la que enriquece, y no añade tristeza con ella"** Proverbios 10:22.

Dios pesa en su balanza nuestros buenos deseos, lo que anhela nuestro corazón de una manera sana, Él lo concede; **"Deléitate así mismo en Jehová, y él te concederá las peticiones de tu corazón"** Salmo 37:4

El deleite al que se refiere aquí el salmista, nos lo explica el Apóstol Pablo, al compartirnos su experiencia al respecto, cuando nos dice; **"En gran manera me goce en el Señor de que ya al fin habéis revivido vuestro cuidado de mí, de lo cual también estabais solícitos, pero os faltaba la oportunidad. No lo digo porque tenga escasez, pues he aprendido a contentarme, cualquiera que sea mi situación. Se vivir humildemente y se tener abundancia; en todo y por todo estoy enseñado, así para estar saciado como para tener hambre, así para tener abundancia como para tener necesidad. Todo lo puedo en Cristo que me fortalece"** Filipenses 4:10-13

Entonces querido lector, ¿cuál es el secreto para no endeudarse? No compres cosas que no necesitas, con dinero que no tienes. Aprendamos a descansar en la provisión de Dios, viviendo en contentamiento con lo que nos da.

La manera correcta de endeudarse

Sin embargo, es también importante señalar que las deudas no todas son malas, dicho de otra manera, utilizar el crédito comercial es bueno para ciertas necesidades, veamos cómo es esto.

En el capítulo del presupuesto mencione una distribución del ingreso en los gastos fijos, que considera 25% para el pago de la hipoteca y un 8% para el pago del auto, lógicamente estas son deudas, pero a diferencia de las deudas que señalo en los gastos variables del 2%, corresponden a cubrir necesidades que de no ser por un crédito comercial no se pudieran adquirir, ya que al menos en la población de clase media, el comprar una casa o un vehículo de contado riguroso es un tanto difícil;

Gastos fijos;	
Diezmo y ofrendas	11.0%
Hipoteca de la casa o renta	25.0%
Mensualidad del auto	8.0%
Ahorro e inversiones	8.0%
Colegiaturas	8.0%
	60.0%

Gastos variables;	
Servicios Luz, agua, teléfono, gas	4.0%
Alimentación y despensa en general	20.0%
Vestir	4.0%
Varios	4.0%
gasolina	6.0%
Deudas	2.0%
	40.0%

Desear tener una casa o un vehículo aun sin contar con dinero, pero poniéndolo en la voluntad de Dios de una manera correcta y sincera, será siempre una bendición como Dios contesta, Él tiene los recursos, pero aun así en la autorización de un crédito comercial podemos ver su mano de poder actuando en favor nuestro.

Entonces, por último, entendamos que son y para qué son las deudas;

La deuda monetaria es una obligación de pagar o regresar algo de manera económica, y estas pueden ser utilizadas para adquirir bienes de consumo duradero y/o bienes de consumo no duradero.

Los bienes de consumo duradero son aquellos que se adquieren para ser usados por un lapso prolongado, al menos por una vida útil mayor a un año, tales como; casas, vehículos y enseres domésticos, en estos casos al utilizar deuda se cuenta de alguna manera con el bien para que en dado caso se venda y con el producto de la venta se liquide la deuda.

En cambio, los bienes de consumo no duraderos, son aquellos que se consumen con su uso o quedan inutilizados con él, aquí se encuentran tales como; el vestido, la alimentación y los accesorios personales, utilizar deuda para adquirir estos bienes no es recomendable, ya que no contamos con bien alguno para resarcir el pago de la deuda. Y si volvemos al tema de la codicia, generalmente aplica en la adquisición de esta clase de bienes, ya que son cosas que no necesitamos o al menos no en la clase o marca, tal sería el caso en el vestuario, cuando adquirimos ropa de marca aun sin tener dinero con el uso de la tarjeta bancaria, o bien la frecuente actividad de comer fuera de casa o la compra de algún accesorio personal que se encuentre de moda. No es conveniente comprar con dinero ajeno algo que no necesitamos.

Como salir de deudas

En el supuesto caso que nos encontremos endeudados, ¿cómo hacer para salir de deudas? Existen algunas formas para ello, la primera consiste en rediseñar nuestra deuda, ¿Qué es esto? Bien, consiste en conseguir nuevos créditos con una tasa de interés o sin interés para liquidar deudas con alta tasa de interés, pagando el mismo importe al nuevo acreedor, ejemplo podemos tener una deuda bancaria con alta tasa de interés y quizá un pariente o amigo nos preste el equivalente para liquidar dicha deuda, pactando un interés menor con él, estaremos renegociando nuestra deuda y ahorraremos en pago de interés y saldremos en un menor tiempo de ella, ejemplo;

Deuda Original	Importe total	Pago capital mensual	Interes mensual	Meses x pagar	Pago total interes
Banco America	$ 20,000.00	$ 1,280.00	$ 1,300.00	15.63	$ 20,312.50
Banco Norte	$ 10,890.00	$ 720.00	$ 300.00	15.13	$ 4,537.50
Tienda de ropa	$ 7,545.00	$ 900.00	$ -	8.38	
Amigo	$ 4,680.00	$ 500.00	$ -	9.36	
	$ 43,115.00	$ 3,400.00	$ 1,600.00		$ 24,850.00
		Pago total mensual	**$ 5,000.00**		
Deuda Reestructurada					
Banco America	$ -	$ -	$ -	0	$ -
Banco Norte	$ 10,890.00	$ 720.00	$ 300.00	15	$ 3,267.00
Tienda de ropa	$ 7,545.00	$ 900.00	$ -	8	$ -
Amigo	$ 24,680.00	$ 2,430.00	$ 650.00	10	$ 6,601.65
	$ 43,115.00	$ 4,050.00	$ 950.00		$ 9,868.65
		Pago total mensual	**$ 5,000.00**		

En la deuda original vemos que al Banco América se le paga una mensualidad de $ 2,580.00 de lo cual $ 1,300.00 es pago de interés, que al termino de los 16 meses se terminaran pagando $ 20,312.50 de puro interés.

En la deuda reestructurada, se consigue con un amigo el dinero que se le debe al Banco América y se pacta un interés menor, puedes negociar cualquiera que represente un beneficio, como podrás ver; el pago a capital que le dabas al banco se suma al pago a capital de tu amigo, $ 1,280.00 más $ 500.00 y además se le suma el ahorro en el pago de interés $ 650.00 ($ 1,300.00 menos $ 650.00) terminaras pagando a tu amigo la cantidad mensual de $ 2,430.00, lo cual representa un pago total de interés de $ 6,601.65 en la deuda reestructurada.

Encontramos que al final el ahorro en el interés es de $ 24,850.00 menos $ 9,868.65 son $ 14, 981.35 y el pago mensual sigue siendo de $ 5,000.00, el mismo que en la deuda original teníamos.

La siguiente manera consiste en liquidar la deuda más pequeña y una vez pagada, utilizar el mismo pago de dicha deuda para liquidar la siguiente en importe, siempre estaremos desembolsando la misma cantidad mensual, pero iremos liquidando cada deuda con el ahorro de la que hemos liquidado, ejemplo;

Deuda Original		
	Importe total	Pago capital mensual
1 Muebleria X	$ 20,000.00	$ 1,280.00
2 Almacenes Y	$ 10,890.00	$ 720.00
3 Tienda de ropa	$ 7,545.00	$ 900.00
4 Amigo	$ 4,680.00	$ 500.00
	$ 43,115.00	$ 3,400.00
1 Muebleria X	$ 20,000.00	$ 1,280.00
2 Almacenes Y	$ 10,890.00	$ 720.00
3 Tienda de ropa	$ 7,545.00	$ 1,400.00
4 Amigo	$ -	$ -
	$ 38,435.00	$ 3,400.00
1 Muebleria X	$ 20,000.00	$ 1,280.00
2 Almacenes Y	$ 10,890.00	$ 2,120.00
3 Tienda de ropa	$ -	$ -
4 Amigo	$ -	$ -
	$ 30,890.00	$ 3,400.00

Siempre estarás pagando la cantidad de $ 3,400.00 mensuales y deberás no contraer nuevas deudas al ir liquidando cada una de las que ya tienes.

Recuerda estas deudas son las que contrataste al adquirir bienes de consumo no duradero, para las cuales se presupuestó un 2% en el apartado de gastos variables del capítulo III

La intención es muy clara, no tener presupuesto para esta clase de deudas, precisamente para no contratarlas, los bienes de consumo no duraderos deben adquirirse con contado riguroso.

VI. El tesoro precioso
La importancia del ahorro

"Tesoro precioso y aceite hay en la casa del sabio;
más el hombre insensato todo lo disipa"
Proverbios 21:20

La Biblia nos enseña a confiar en Dios, en Mateo 6:25-34 Jesús comienza diciendo **"No os afanéis por vuestra vida, que habéis de comer o que habéis de beber; ni por vuestro cuerpo, que habéis de vestir."** Y todo el pasaje habla sobre el afán, seis veces menciona la palabra afán, en estos 10 versículos, a este pasaje bíblico se le conoce como el afán y la ansiedad. De aquí surge la pregunta entonces, ¿Es importante ahorrar o no? ¡Por supuesto que sí es importante ahorrar!

En primer, lugar, analicemos lo que significa afán, proviene del griego merimnao; que significa estar ansioso acerca de, tener un cuidado que perturba, preocuparse. Y ante la preocupación la biblia si nos alerta, ya que te hace perder la noción de la realidad, te despierta un temor hacia las cosas futuras y esto te lleva a una ansiedad que se puede convertir en un trastorno mental, al cual Jesús se refirió cuando le dice a Marta **"Marta, Marta, afanada y turbada estas con muchas cosas"** Lucas 10:41.

Entonces tener afán por el día de mañana no es bueno, porque llega a crear una total desconfianza en Dios, la preocupación es un acto de incredulidad lo cual le ofende. Por el contrario, debemos confiar plenamente en su cuidado, Él es quien provee lo que habremos de necesitar, tal como tiene cuidado de las aves del cielo, tiene cuidado de nosotros.

En el Éxodo del pueblo de Israel, Dios le enseño a confiar en Él, fue tan importante esta lección entre muchas, para que el pueblo conociera verdaderamente quien es Dios y la manera en cómo se iba a hacer responsable de sus vidas, encontramos en el capítulo 16 del libro de Éxodo, la alimentación del mana, el pan del cielo que diariamente llovería sobre el pueblo para ser alimentado, dice la biblia que era una cosa menuda, redonda, como una escarcha, Moisés les encargo que no tomasen sino solo lo que habrían de consumir diariamente, dependiendo el número de integrantes por familia, unos tomarían más otros menos, pero solo para el alimento diario, sin embargo el versículo 20 del mismo capítulo menciona que algunos tomaron para otro día y esto se les agusano al día siguiente. Esta narrativa no va en ningún sentido contra el ahorro, ya que la finalidad de Dios era enseñar a su pueblo a depender de El totalmente, así como lo fueron los primeros dos años en el desierto desde la salida de Egipto hasta Cades Barnea, cuando se enviaron los espías a reconocer la tierra prometida, en esos dos años Dios quiso prepararlos a confiar en Él, antes de que se enfrentaran en guerra para tomar la tierra prometida.

Pero aun dentro de este plan de manutención de parte de Dios, sucedía que el séptimo día no había lluvia del cielo de este maná, por lo que el día sexto tenían que tomar lo suficiente para el día siguiente, esto precisamente es ahorro para cuando no hay provisión. Pero notemos algo interesante, Dios te da lo suficiente en tiempos de bonanza para que guardes en tiempos de escases.

Por lo que a la vez nos enseña a ser cautelosos y previsores, que interesante resulta en el capítulo 6 de Proverbios que los primeros cinco versículos nos hablan de las deudas y a partir del versículo 6, nos comienza a hablar del ahorro, **"Ve a la hormiga, oh perezoso, mira sus caminos y se sabio; La cual, no teniendo capitán, ni gobernador, ni señor, prepara en el verano su comida, y recoge en el tiempo de la siega su mantenimiento. Perezoso, ¿Hasta cuándo has de dormir? ¿Cuándo te levantaras de tu sueño? Un poco de sueño, un poco de dormitar, y cruzar por un poco las manos para reposo; Así vendrá tu necesidad como caminante, y tu pobreza como hombre armado"** Proverbios 6:6-11

El ahorro entonces es, la manera sabia y prudente de cuidar las bendiciones que recibimos de Dios, es una tarea fundamental del buen administrador, prever para tiempos de escases, ¿existen tiempos de escases en Dios? Si, por supuesto, esto forma parte de su enseñanza, ya lo mencionamos en el capítulo anterior **"En todo y por todo estoy enseñado, así para estar saciado como para tener hambre"** Filipenses 4:12

¿Quién le enseño a Pablo? ¡Cristo! Que es quien lo fortalece según Filipenses 4:13

José el hijo de Jacob, tenía 30 años cuando interpreto el sueño que tuvo Faraón, de las siete vacas hermosas y gruesas y las otras siete vacas flacas y feas, las siete espigas hermosas y las otras siete espigas menudas, el cual significaba siete años de abundancia en la tierra de Egipto y otros siete años de hambre y su consejo fue; **"Junten toda la provisión de estos buenos años que vienen….y este aquella provisión en depósito para el país, para los siete años de hambre que habrá en la tierra de Egipto"** Génesis 41:35,36

Esa fue un muy claro ejemplo del ahorro, que consiste en guardar excedentes en los buenos tiempos para enfrentar la escases de los malos tiempos.

Es por eso que la Biblia al ahorro, lo llama **"Tesoro precioso"** porque en el tiempo de la escasez, abrir los depósitos de las reservas es como abrir los tesoros más valiosos.

Un amigo me confió esto; Me dijo, "tengo desde hace algunos años, por costumbre traer un billete de $ 500.00 pesos, (25 dólares americanos aproximadamente) guardado en algún compartimiento de la cartera, como un recurso cuando se termine de pronto el efectivo que traigo. En cierta ocasión, pase por una situación difícil económicamente hablando, me quede sin efectivo por algunos días y no recordaba el compartimiento, fue grande el gusto al encontrarme ahí el billete cuando me acorde". En verdad fue un tesoro precioso, para esta persona encontrar ese billete ahí cuando más lo necesito. No importa la cantidad que ahorres, lo importante es que siempre estará ahí lo que hayas ahorrado.

¿Cómo hacerle para ahorrar?

Ahora, la pregunta es ¿cómo ahorrar si no tienes la práctica de hacerlo? Bien existen algunas maneras sencillas de cómo ir adoptando la costumbre del ahorro hasta que esta se convierta en una disciplina de tu personalidad, veamos algunas formas sencillas;

1. Guardar monedas de cierta denominación, esto consiste en establecer que cuanta moneda caiga en tus manos, pueden ser denominaciones de $ 10.00 Pesos, retenerlas en algún recipiente, a lo largo de un año. Es interesante ver que al termino de ese periodo habrás logrado juntar una cantidad de dinero que de otra manera no lograrías reunir, te vas a acostumbrar a ver a esas monedas con un fin de ahorro, de tal manera que cuando llegue una a tus manos, tendrás de inmediato el deseo de retenerla para tu ahorro.
2. Privarte esos gustos que te dabas al ir al supermercado o al comercio de tu sector, cuando ibas para reabastecer tu despensa y tomabas algún antojo, el privarte de esos

antojos te ayudara, quizá para una mejor dieta alimenticia además de guardar el equivalente que gastarías en ello. Dicho de otra manera, el importe de ese antojo si lo vas a desembolsar, pero será para tu ahorro, separas esa pequeña cantidad de dinero para el ahorro y te vas a dar cuenta que habrás juntado "algo" en cierto tiempo.

3. Guardar los excedentes de tus ingresos cuando estos sean superiores a tus necesidades, es muy fácil caer en la tentación de gastar todo lo que percibimos, inclusive en cosas "necesarias", pues bien, solo quiero que sepas que el ahorro se constituye "necesario" cuando tenemos esos excedentes de dinero.
4. Finalmente, y el sistema más tradicional, sería que presupuestes ese 8% o alguna otra cantidad que tu desees de tus ingresos, tal como se estableció en el capítulo de presupuestos y separes esa cantidad semanal, quincenal o mensual, según el periodo que recibas tus ingresos.

Lo más interesante del ahorro es que no importa la cantidad que guardes, lo importante es que se convierta en una costumbre en el manejo de tu dinero, a menos que te propongas una meta definida por comprar algo y fijes un tiempo para lograr juntar ese importe de dinero, entonces ahí si tendrás que guardar cierta cantidad conforme a lo hayas establecido, recuerdo un proverbio popular que dice "quien siempre ahorra algo, siempre tendrá algo"

¿Qué hacer con los ahorros?

Algunas personas me han preguntado, ¿Qué hago con mis ahorros? Lo primero es no gastarlo, a menos que surja una necesidad que demande ese dinero, de no ser así, no justifiques el deseo de gastarlo como una necesidad, si has logrado mantener la práctica del ahorro por todo un año, ya no la pierdas y continua otro año más, o bien puedes fijarte ciertas metas en lograr, quizá el primer año quieras juntar $ 10,000.00 pesos, si lo logras, ahora proponte una meta mayor, quizá llegar a $ 20,000.00 pesos y así sucesivamente.

No guardes el efectivo en casa, al llegar a cierta cantidad que el banco te pueda recibir depositalo ahí por seguridad.

Cuando hayas logrado cierta cantidad de dinero, puedes establecer medidas de uso del ahorro de la siguiente manera;

Distribucion de mi ahorro

Ahorro minimo permanente	25%
Ahorro para vacaciones	20%
Ahorro para mejoras de la casa	20%
Ahorro para inversiones	35%
	100%

Como veras en la distribución pueden entrar necesidades de mejoras de la casa y pueden incluso considerarse las vacaciones, que de no tener ahorrado generalmente estos conceptos se cubren con tarjetas de crédito bancarias, las cuales son deudas con tasas de interés muy alto, que estarás ahorrando si lo pagas de esta manera.

La intención es nunca quedarte sin ahorro para enfrentar alguna contingencia y recuerda del presupuesto original el 8% corresponde a ahorro e inversiones, esto es, cuando hayas logrado cierto monto ahorrado, destinaras al menos un 35% a inversiones lo cual veremos más adelante en el capítulo correspondiente.

Existe una promesa en la biblia para su pueblo; **"Te abrirá Jehová su buen tesoro, el cielo, para enviar la lluvia a tu tierra en su tiempo, y para**

bendecir toda obra de tus manos, y prestaras a muchas naciones, y tú no pedirás prestado" Deuteronomio 28:12

Esa promesa se ha cumplido en tu vida, solo falta que te administres de la mejor manera para que efectivamente seas bendición con tus ahorros y puedas prestar en el tiempo de necesidad.

VII. PRESTARLE A DIOS
Ser fuente de bendición para otros

"A Jehová presta el que da al pobre, y el bien que ha hecho, se lo volverá a pagar"
Proverbios 19:17

Una realidad innegable es que siempre habrá pobres en nuestro entorno. Incluso tal vez en una gran mayoría de nuestras congregaciones, ¿cristianos pobres? Si, hijos de Dios que, siendo mismo pueblo cristiano, tienen escasez de servicios básicos, como; energía eléctrica, agua, vestido y vivienda e incluso en casos extremos escasez de alimentos, esto lo previo Dios, desde el tiempo antiguo, cuando dicto las leyes de justicia humana en Deuteronomio 15:7-11, señala enfáticamente; **"Cuando haya en medio de ti menesteroso de alguno de tus hermanos en alguna de tus ciudades, en la tierra que Jehová tu Dios te da, no endurecerás tu corazón, ni cerraras tu mano**

contra tu hermano pobre, sino abrirás a el tu mano liberalmente, y en efecto le prestaras lo que necesite" hay que precisar aquí que habla de alguno de tus hermanos en alguna de tus ciudades, dicho de otra manera; mismo pueblo de Dios, y quizá en la misma congregación a la que perteneces podrás tener hermanos pobres.

Ante esta realidad, también Dios quiso establecer leyes, que son las humanitarias, cuyo fin era buscar que el pobre no fuese siempre pobre y entre esas leyes figura la de la remisión de deudas, la cual consistía en que al séptimo año se perdonaban las deudas y lo que se había empeñado en prenda regresaba a su dueño, pero esto trajo al pueblo, pensamientos de egoísmo al considerar esos préstamos como no muy convenientes ya que si se llegaba ese séptimo año se dejaría de recuperar el dinero. El mismo pasaje de Deuteronomio señala más adelante lo siguiente; **"Guárdate te tener en tu corazón pensamiento perverso, diciendo; cerca está el año séptimo, el de la remisión, y mires con malos ojos a tu hermano menesteroso para no darle; porque el podrá clamar contra ti a Jehová, y se te contará por pecado"** pensar de esa manera egoísta era para Dios tener un pensamiento perverso, o sea es como decir; No le presto a mi hermano, porque qué tal si no me paga y le tengo que perdonar la deuda en el año de remisión. Este pensamiento ofendía a Dios, más si aquel necesitado clama a Dios contra ti que no le ayudaste, se te contara como pecado.

Es por eso que ante esa desconfianza y posibilidad de que se enfriará la voluntad de ayudar que surge este proverbio **"A Jehová presta el que da al pobre"** que no te preocupe recuperar lo que prestas, porque Dios está de aval en favor del necesitado, lo sigue mencionando en el mismo pasaje de Deuteronomio; **"Sin falta le darás, y no serás de mezquino corazón cuando le des; porque por ello te bendecirá Jehová tu Dios en todos tus hechos, y en todo lo que emprendas"**

Termina el pasaje diciendo **"Porque no faltaran menesterosos en medio de la tierra, por eso yo te mando, diciendo; Abrirás tu mano a tu hermano, al pobre y al menesteroso en tu tierra"** Es interesante notar que no faltaran menesterosos, esto quiere decir siempre tendrás la oportunidad de ser bendición a alguien más, con la bendición que Dios te da.

Cuando Jesús fue ungido en Betania por aquella mujer que rompió el vaso de alabastro, algunos dijeron **"¿Para qué se ha hecho este desperdicio de perfume? Porque podía haberse vendido por**

más de trescientos denarios, y haberse dado a los pobres. Y murmuraban contra ella. Pero Jesús dijo: Dejadla, ¿Por qué la molestáis? Buena obra me ha hecho". Y menciono algo muy importante, **"Siempre tendréis a los pobres con vosotros"**

¿Que representa esto? Que el ayudar a los pobres es parte del carácter agradecido del cristiano que ha sido redimido, entonces el acto de ayudar al necesitado, debe formar parte de una sana administración del dinero que Dios nos ha confiado.

Es tan importante para Dios este acto generoso que inclusive, forma parte de la actividad ministerial de la iglesia, dice el Apóstol Pablo qué; **"A unos puso Dios en la iglesia, primeramente, apóstoles, luego profetas, lo tercero maestros, luego los que hacen milagros, después los que sanan, los que ayudan..."** 1 Corintios 12:28 **"los que ayudan"** El cuidado que tiene Dios sobre el pobre, es tan grande que incluso puede despertar su furor cuando encuentra aflicción y abandono en ellos, lo menciona en Éxodo 22:23 que, si el huérfano y la viuda clamaren a Dios, por ser afligidos por el pueblo, El oirá y se encenderá su furor contra su pueblo.

¿Cuánto debo destinar para apoyar al necesitado?

No hay cantidad establecida, sin embargo en el tiempo antiguo, Dios estableció ciertas normas humanitarias para determinar en dado caso, cuanto se debía apoyar al pobre; **"Cuando siegues tu mies en tu campo, y olvides alguna gavilla en el campo, no volverás para recogerla; será para el extranjero, para el huérfano y para la viuda; para que te bendiga Jehová tu Dios en toda obra de tus manos"** Deuteronomio 24:19 En otras palabras nos quiere decir, no es lo que te sobre, ni lo que ya no te haga falta, es parte de lo que tienes, esto es dar, compartir, lo que es tuyo. Algo muy importante, no se debe tomar dinero del diezmo u ofrendas para este fin, ese dinero es para el sostenimiento del ministerio, esto otro es para fines de ayuda al necesitado, es por eso que en el modelo de presupuesto aquí mencionado se incluye en el concepto de varios dentro del grupo de los gastos variables, el cual se sugiere a manera de ejemplo un 4% sobre los ingresos, y no en los diezmos u ofrendas ni al final, para ver si sobra algo para ayudar. Ahora dentro de este concepto se pueden agrupar diversos tipos de gastos no clasificados, entre los cuales bien pudiera ser incluido este concepto de ayuda al necesitado,

¿Cuánto? No importa tanto el monto, lo importante es que se considere en tus gastos y sea hecho de manera generosa y no forzada, para lo cual el Apóstol Pablo nos indica lo siguiente; **"Por tanto, tuve por necesario exhortar a los hermanos que fuesen primero a vosotros y preparasen primero vuestra generosidad antes prometida, para que esté lista como de generosidad, y no como de exigencia nuestra. Pero esto digo: El que siembra escasamente, también segara escasamente; y el que siembra generosamente, generosamente también segara. Cada uno de como propuso en su corazón: no con tristeza, ni por necesidad, porque Dios ama al dador alegre."** 2 Corintios 9:5-7

Insisto no hay cantidad estipulada en la biblia, pero si, se sugiere que esta sea de manera generosa contrastándola aquí con escasamente, porque de igual manera escasamente segará o generosamente segará, Dios te convierte en un conducto de bendición tan estrecho o tan holgado como tú quieras ser utilizado, tú pones la medida a Dios, **"Dad y se os dará; medida buena, apretada, remecida y rebosando darán en vuestro regazo; porque con la misma medida con que medís, os volverán a medir"** Lucas 6:38

¿Cómo debo y puedo llevar a cabo esto?

El encargo apostólico de Pablo es que ayudemos **"mayormente a los de la familia de la fe"** Gálatas 6:10, esto es a nuestros hermanos en Cristo, comenzando con los necesitados de nuestra congregación. Y el encargo es que lo hagamos, con estas dos cualidades; **"con liberalidad"** Romanos 12:8, ¿Qué es liberalidad? Es distribuir de manera generosa tus bienes sin esperar recompensa, recompensa incluso de quien estas ayudando, porque habrá momentos en que ni siquiera "unas gracias," recibirás. Recuerda tu recompensa viene de lo alto, no del hombre.

Y para completar el pensamiento anterior, esta debe ser en un completo anonimato, es la actividad menos vista por los hombres, **"no sepa tu izquierda lo que hace tu derecha"** Mateo 6:3, no se trata de ser visto por los hombres, Dios que lo ve en secreto, Él te sabrá recompensar en público. Mateo 6:4

Posteriormente y por lo general en cada comunidad existen agrupaciones con fines de altruismo, que destinan sus esfuerzos en la ayuda a gente muy necesitada, seguramente reciben donativos desde pequeñas cantidades de dinero, o bien en nuestro diario vivir, tal vez conozcamos de algún caso de necesidad, si en realidad queremos que esto forme parte de nuestro carácter, estaremos alerta para saber de esos casos que requieran nuestro apoyo, sino estamos alerta, ni siquiera nos percatamos de la persona que nos pide ayuda en la calle donde seguramente nos encontramos con gente pidiendo el apoyo al automovilista.

Te has preguntado alguna vez, ¿Cuánta gente el día de hoy, amaneció sin dinero para sus alimentos? ¿Cuánta gente no tiene abrigo? La oportunidad está a la puerta, solo es que te dispongas a atender esa necesidad.

Cuando se trata de ayudar puede ser desde unas cuantas monedas hasta, ¿porque no? Eventualmente, el equivalente a un salario minino de un día, se le puede regalar a quien este en pobreza extrema, con esto le estaremos ayudando a que al menos un día no tenga la extrema necesidad del alimento.

Simplemente cargar monedas en el vehículo para ese fin, no las que me sobran, sino de una manera previa cambiar algún billete en monedas para traerlas a propósito para ese fin, puede ser una práctica muy buena que te aseguro tendrá su recompensa, además de la grata satisfacción de haber podido ayudar a alguien. **"No nos cansemos, pues, de hacer bien; porque a su tiempo segaremos, si no desmayamos."** Gálatas 6:9

VIII. El dinero que trabaja

Las inversiones según la Biblia

"Respondiendo su señor, le dijo; siervo malo y negligente, sabias que siego donde no sembré, y que recojo donde no esparcí. Por tanto, debías haber dado mi dinero a los banqueros, y al venir yo, hubiera recibido lo que es mío con los intereses"
Mateo 25:14-30

A este tipo de narrativas en la biblia se les conoce como parábolas, las cuales enseñan a través de una semejanza entre lo que sucede en el ámbito natural del hombre con respecto a una lección espiritual. Y a esta concretamente se le conoce como "La parábola de los talentos" la cual nos trata de enseñar que así de diligentes como normalmente somos en multiplicar los bienes, debemos ser en la tarea de ganar almas para Cristo. Y aunque la enseñanza no va dirigida exactamente a reproducir el dinero, si vale la pena considerarla en el sentido de que la expresión **"Bien, buen siervo y fiel"** a que hace referencia la parábola en las dos ocasiones que el siervo entrego rendimientos sobre los talentos otorgados, nos indica la aprobación que hace el Señor no tanto al lucro, sino a la diligencia que se tiene al llevar a cabo una tarea, consideremos que el Señor Jesús no emitió jamás palabra alguna de manera vana u ociosa. Esto nos lleva entonces a pensar en la aprobación que él hace de un trabajo diligente y productivo.

Y si en lo natural se espera que cualquiera que recibe un bien para cuidarlo, (tal como el cristiano al reconocer que todo proviene de la mano de Dios, como lo señalamos en los primeros capítulos) debe actuar con diligencia en hacer que aquel bien rinda frutos, pues entonces debemos tomar esto como parte de la fidelidad que Dios demanda de todo administrador, según 1 Corintios 4:2

¿Cuánto es conveniente invertir según mis ingresos?

No existen leyes para establecer montos de cuanto invertir, en el ejemplo del presupuesto se menciona dentro del gasto fijo, un estimado para lo que es bueno destinar en el pago de hipoteca de la casa, lo cual más que gasto es una inversión ya que se constituye como un bien patrimonial, destinándose un 25%, en el pago de la mensualidad del automóvil, se considera un 8%, el cual también puede representar de cierta forma una inversión ya que no es un consumible a corto plazo, y dentro del ahorro e inversiones se considera un 8%, lo cual bien podría separarse en un 6% de ahorro y un 2% de inversión liquida o dicho de otra manera en efectivo, si sumamos la hipoteca, el auto y el efectivo bien podemos estar destinando un 35% de nuestros ingresos en inversiones. Por otro lado, debemos tener cuidado de no cometer algún acto que Dios reprueba en cuanto al manejo del dinero.

¿Dónde debo invertir?

Es bien importante dentro de la buena administración que hagamos de nuestro dinero, saber dónde conviene invertir, para lo cual te compartiré ciertos criterios para ello;

1. Primero es conveniente invertir en lograr formar tu patrimonio familiar, consistente en una vivienda y quizá en la compra de algún terreno, este tipo de inversión no pierde su valor con el transcurso del tiempo, por el contrario, generalmente aumenta por el desarrollo poblacional de la zona.

2. Es bueno invertir en un fondo para el retiro, o pensión para cuando decidas o la edad ya no te permita trabajar.
3. Si vas a invertir en algún instrumento financiero, procura evitar el mayor riesgo, sabemos que a mayor riesgo mayor utilidad, pero por lo mismo corres el riesgo de perder tu inversión ante una caída de valor de tu instrumento financiero, compra bonos o certificados del Gobierno Federal, te garantizan permanencia en el valor de su instrumento. No compres riesgos.
4. Si tu deseo es iniciar un negocio, más vale que lo conozcas plenamente, porque en conocerlo se lleva tiempo y esto cuesta dinero, elaborar un plan de negocios es muy importante antes de emprender uno y mayormente si no lo conoces a fondo, investiga cómo se desarrolla un plan de negocios, seguramente alguna dependencia del gobierno te pueda brindar ayuda al respecto.
5. Si lograste iniciar un negocio y este se va desarrollando con un buen ritmo, conviene que no castigues su capital de trabajo (esto es lo que tienes en mercancías, y el crédito que otorgas a clientes) retirándolo para destinarlo a otras cosas.

6. No te gastes las utilidades antes de que tu negocio se termine de desarrollar financieramente, a su tiempo te dará mayores utilidades si eres paciente.
7. Sigue los consejos que a continuación te da la biblia.

¿Qué nos indica la biblia sobre las inversiones?

Por la naturaleza del tema es importante tomar en cuenta algunos aspectos como son;

1. Es importante ubicar el lugar que el dinero debe ocupar en nuestra vida, y ese lugar no debe ser nuestro corazón, Pablo nos exhorta a **"huir de estas cosas"** en 1 Timoteo capítulo 6, nos dice entre algunas cosas que **"raíz de todos los males es el amor al dinero"** que no se despierte en nosotros un deseo de enriquecimiento económico, seamos contentos con lo que Dios nos ha dado, ya que, así como **"nada hemos traído a este mundo",** menciona, **"sin duda nada podremos sacar"**. Entonces vamos a cuidar nuestro dinero invirtiéndolo para asegurarnos que no se pierda su valor e incluso que nos garantice algún interés, pero no con el afán de enriquecernos. Recordemos el significado de afán, que involucra la ansiedad por lograr algo

que desconocemos. Algo muy importante, si Dios no nos proporciona la bendición de la riqueza, más vale no buscarla por nuestros propios medios. **"Porque los que quieren enriquecerse caen en tentación y lazo, y en muchas codicias necias y dañosas, que hunden a los hombres en destrucción y perdición"** 1 Timoteo 6:9

2. Dios no aprueba la usura como medio de inversión, que se entiende por usura, es el cobro de interés excesivo sobre una obligación como créditos o prestamos, se considera usura cuando se cobre un interés que supere en un 50% el interés bancario corriente, la biblia reprueba esta práctica; **"Cuando prestares dinero a uno de mi pueblo, al pobre que está contigo, no te portaras con el cómo logrero, ni le impondrás usura"** Éxodo 22:25.
3. Ante lo expuesto en el punto anterior, queda claro que a alguien que no sea parte de mi pueblo, como una institución financiera pudiera cobrarle un interés ordinario, el interés es para no perder el valor del dinero en el tiempo, para dejar en claro esto, lo que tú compras con cierta cantidad de dinero en el mes de enero, no es lo mismo que compras en el

mes de diciembre del mismo año, ¿Por qué? Porque los bienes y servicios que compramos o consumimos suben de precio durante el año y el dinero no sube de precio al igual, por eso al cobrar un interés razonable lo único que se pretende es que tu dinero no pierda más valor por ese tiempo transcurrido. Cuando se cobra una cantidad exagerada de interés, entonces se está cayendo en el caso de la usura. En el libro de proverbios se señalan los proverbios antitéticos (es la manera de vivir del impío) entre otros se menciona en Proverbios 28:8 el de la usura de la siguiente manera; **"El que aumenta sus riquezas con usura y crecido interés"** esto nos corrobora que un interés normal, no crecido, es permitido por Dios. Entonces en conclusión es este tercer punto, las inversiones bancarias son permitidas en el contexto bíblico.

4. ¿La compra de seguros para proteger mis bienes patrimoniales es permitida?, el adquirir un seguro es comprar la cobertura de un bien para que, en caso de algún siniestro, se te pague el importe asegurado por aquello, dicho de otra manera, es proteger el valor del bien que voy a asegurar para no perder el dinero cuando llegare a suceder el siniestro.

No existía en la antigüedad la práctica de asegurar los bienes, sin embargo la biblia si nos instruye al respecto, en el mismo libro de la sabiduría como es considerado el libro de proverbios, se nos aconseja lo siguiente; **"Se diligente en conocer el estado de tus ovejas, y mira con cuidado por tus rebaños"** Proverbios 27:23, esta diligencia que se nos pide va encaminada a mantenernos pendientes del estado en que se encuentra nuestra riqueza y fuente de ingresos, cuidar lo que nos produce satisfactores y representa el esfuerzo de nuestro trabajo, dicho de otra manera asegúrate del buen estado de tu fuente de trabajo y continua diciendo **"Porque las riquezas no duran para siempre".** Considero que la compra del seguro de autos, la compra del seguro de la vivienda, la compra de deudor o sea la garantía de mis deudas, son parte de la fiel y buena administración que se nos demanda.

5. Diversificación de actividades, es otra forma de invertir, alguien dijo en una ocasión, "independientemente del ingreso que tenga, cualquier otra entrada de dinero es buena" es bueno si se tiene un excedente de dinero y se conoce alguna otra actividad de trabajo que

se pueda desarrollar, ¿porque no hacerlo? No te conformes a una sola actividad si puedes desarrollar más, con el cuidado de no caer en el punto que se señaló en el número 1, dice la biblia al respecto; **“Los corderos son para tus vestidos, y los cabritos para el precio del campo; Y abundancia de leche de las cabras para tu mantenimiento, para mantenimiento de tu casa Y para sustento de tus criadas”** Proverbios 27:26,27, procurar tener otros ingresos no es malo, siempre y cuando no perdamos de vista, que nuestro corazón no está en el dinero.

IX. Herencia de los padres
El patrimonio para los hijos

"La casa y las riquezas son herencia de los padres" Proverbios 19:14.

Hemos llegado al final de este libro, con este último capítulo entenderemos que la finalidad de toda buena administración a la que la biblia nos ha llevado en este recorrido, es que las bendiciones que recibimos de Dios, se prolonguen a nuestros hijos.

Resulta sorprendente saber la cantidad de veces que el libro de los proverbios nos habla del dinero, y si el libro de proverbios es conocido como el de la sabiduría, entonces el mensaje es claro, hay que ser sabios para manejar el dinero, hay que ser prudente para administrar las bendiciones de Dios, el mismo libro lo menciona de esta manera; **"Con sabiduría se edificara la casa, y con prudencia**

se afirmara" Proverbios 24:3. Aunque este texto nos habla de la edificación moral y de principios bíblicos para construir una casa, entiéndase una familia, un hogar, bien se aplica también a la parte material de la misma ya que la falta de sabiduría es la causa del derroche del dinero, grandes fortunas han caído por falta de sabiduría, he conocido casos de negocios que surgen con éxito y por falta de sabiduría en la administración de su dinero han venido a la quiebra. De la misma manera sucede con las riquezas familiares que atraviesan por tiempos de bonanza, pero no se tiene el cuidado de administrar adecuadamente esa riqueza, no se planean en sus gastos, no se disciplinan en ahorrar, ni se preocupan por lograr inversiones que ayuden a cuidar dicha riqueza y es entonces cuando vienen a menos.

Lograr un patrimonio familiar, es la meta de toda familia, y Dios está de acuerdo en ello, los pasajes que hemos señalado de proverbios, son el aval de Dios en esto, la provisión de Dios es suficiente, no solo para quien la recibe sino para los suyos y no solo para el tiempo actual sino para un tiempo futuro, pero es ahí donde hay que administrar los recursos para que efectivamente estos traspasen los tiempos de una generación, quien provee para la familia debe proveer de alguna manera no solo para la manutención diaria por decirlo de alguna manera, sino para una cierta tranquilidad futura, cuando menos en lo más esencial que es, una casa material y aquí bien cabe lo que menciona Pablo a Timoteo **"Porque si alguno no provee para los suyos, y mayormente para los de su casa, ha negado la fe, y es peor que un incrédulo"** 1 Timoteo 5:8

¿Porque la biblia lo compara con un incrédulo? Porque si no aprovecho las bendiciones de Dios, en favor de los suyos, es porque le falto fe para recibir esas bendiciones de parte de Dios, recordemos el pasaje con el que iniciamos este libro **"Amado, yo deseo que tú seas prosperado en todas las cosas, y que tengas salud, así como prospera tu alma"** 3 Juan 3

Es el deseo de Dios, que, así como prospera nuestra alma (por quien Cristo murió y redimió) así también prospere nuestro cuerpo en salud y así, prosperemos en todas las cosas, y esto incluye el bienestar económico de nuestra familia. Si esto no está sucediendo no será porque Dios no quiera, sino por falta de sabiduría en nuestra administración o lo que pudiera ser peor, falta de fe en nuestra vida, tal como lo menciona Pablo a Timoteo.

Si destinas el 35% de tus ingresos a las inversiones, recuerda según el capítulo del presupuesto este se compone de lo asignado a pagos de la casa 25%, automóvil 8% y ahorro e inversiones, considerando un 6% de ahorro y un 2% de inversiones, dentro del 6% de ahorros mencionamos en el capítulo respectivo, este se puede usar para adquirir mobiliario de contado y así evitar el uso de las deudas.

Una idea muy personal consiste en costear el mobiliario de la casa, cuarto por cuarto, quiero decir que, haciendo un plano de la casa, asignemos los valores que representan lo que estamos invirtiendo en ello, podrás decirme; - son solo muebles, bien no importa, hay muebles que se heredan de generación en generación, y van adquiriendo ya no tanto un valor económico sino un valor sentimental, esto también es herencia.

¿Cómo, se identifica y se administra lo que estoy gastando en cada cuarto de mi casa?, a continuación, un ejemplo de ello;

Sala principal			Cuarto de TV		
Mueble de sala	$	25,800.00	Sillones	$	12,850.00
Librero	$	8,950.00	Sillon reposet	$	9,800.00
Chimenea artifical	$	14,200.00	Television	$	11,500.00
Reloj de pared	$	3,450.00	Librero	$	2,350.00
	$	52,400.00		$	36,500.00

Cocina			Comedor		
Cocina integral	$	38,600.00	Mueble de comedor	$	20,750.00
Electrodomesticos	$	22,400.00	Accesorios	$	5,985.00
Desayunador	$	4,750.00	Sillon reposet	$	7,500.00
	$	65,750.00		$	34,235.00

Recamara 1			Recamara 2		
Mueble recamara	$	25,460.00	Mueble recamara	$	22,345.00
Mecedora	$	4,960.00	Mecedora	$	4,960.00
Television	$	6,500.00	Television	$	7,010.00
Accesorios	$	4,050.00	Accesorios	$	3,950.00
	$	40,970.00		$	38,265.00

Porcentualmente hablando mi distribución es la siguiente;

Valor del mobiliario y accesorios;

Sala principal	$	52,400.00	20%
Cuarto de TV	$	36,500.00	14%
Cocina	$	65,750.00	25%
Comedor	$	34,235.00	13%

Recamara 1	$	40,970.00	15%
Recamara 2	$	38,265.00	14%
	$	268,120.00	100%

Aquí puedo analizar en que, clase de mobiliario es bueno destinar más recursos, quizá por su funcionalidad, quizá por su comodidad, o quizá por su durabilidad.

De igual manera se puede hacer una especie de balance de todos mis bienes de la siguiente manera;

BALANCE PERSONAL

Valor del mobiliario y accesorios;	$	268,120.00	20%
Valor de la casa	$	950,000.00	69%
Vehículo	$	150,000.00	11%
Total Bienes	$	1,368,120.00	100%
Deudas;			
Hipoteca	-$	510,400.00	
Vehículo	-$	75,000.00	
Otras	-$	25,900.00	
Valor neto patrimonial	**$**	**756,820.00**	**55%**

Donde podemos apreciar que, del total de bienes, el 69% lo ocupa mi vivienda, el 20% el mobiliario del hogar y el 11% el vehículo. Posteriormente a esto le resto mis deudas, tanto la hipoteca de la casa, la deuda del vehículo y algunas deudas pequeñas, obteniendo así el valor neto de mis bienes patrimoniales que resulta ser $ 756,820.00 que respecto al valor total de los bienes es un 55%, lo cual es mío y el 45% restante equivale a mi deuda.

La intención es que año con año, crezca el porcentaje de propiedad neta, de lo cual mínimo el 69% es patrimonio heredable. (La participación que tiene el valor de la casa respecto al total de bienes).

Por último, es importante para todo patrimonio dejar bien claro cuál es tu intención sobre la herencia a los beneficiados, trátese de cónyuge, hijos u otras personas (parientes y no), a quienes deseas dejar la propiedad de tu patrimonio, para esto es necesario realizar un testamento, preferentemente ante un fedatario público (Notario), si no fuera posible esto, cuando menos dejar un escrito de manera libre firmado por ti y convenientemente dos testigos, guardarlo en algún lugar seguro o entregárselo a alguien de tu confianza, de esta manera queda tu patrimonio debidamente heredado para cuando te llame El Señor y no estarás dejando problemas a la familia por la falta de este, tanto para su posesión para uso o bien para la realización de su venta, si fuere el caso.

Un consejo prudente es que la herencia no se entregue en vida del testador, dicho de otra manera, no entregues tus propiedades mientras tu sigas con vida, existen muchos casos de heredados que despilfarran su herencia y el dueño original por alguna causa viene también a quiebra y ya no cuenta con nada para echar mano de esos recursos, decía alguien por ahí. - "se merece que le den con un palo a quien entrega su patrimonio en vida" es prudente no hacerlo, el testamento es para cuando el testador ya no está.

Mi deseo, querido lector es que Dios bendiga tu vida abundantemente en lo espiritual, además supla toda necesidad económica, creyéndole a Él, aceptando su oferta como lo menciona el profeta Malaquías 3:10 **"Probadme ahora en esto",** honrándolo primeramente a Él, con la parte financiera que le corresponde, reconociendo en ello de donde proviene tu bienestar económico, posteriormente honrando además a tus padres, siéndole fiel a Él en cuanto a la administración se refiere, aprendiendo a vivir en pleno contentamiento no codiciando lo que Él no te quiere dar, siendo sabio en la elaboración de tu presupuesto, creando la costumbre del ahorro, atendiendo su voz a través de la necesidad del pobre, teniendo cuidado de lo que te ha dado logrando multiplicarlo, ¿Por qué no? Para que siga siendo bendición para los que tú amas.

Pero mi deseo es que recibas primero la bendición en tu alma y esta sea prosperada con la permanente presencia del Espíritu de Dios, si tú no has aceptado a Cristo como tu salvador personal, te invito a que lo hagas este día, has esta sencilla oración, creyendo en tu corazón que Dios lo levanto de los muertos y confesándolo públicamente con tus labios, una vez que has creído;

"Señor Jesús, he leído y creído las bendiciones que menciona tu Palabra a través de este libro, pero mi mayor anhelo ahora es que entres en mi corazón, perdones mis pecados y sea quitada mi culpa por el sacrificio que hiciste en la cruz, te acepto como mi Señor y Salvador personal y te doy gracias por tu Espíritu Santo que ha de morar en mí, para conducirme en todo camino."

Amén.

Anota la fecha en que tomaste esta decisión e hiciste esta oración

Del Autor

Me convertí al cristianismo en el año de 1980, el mes de febrero de ese año, Dios toco mi corazón y perdono mis pecados, siendo un joven de 19 años, desde mi conversión trabaje activamente en mi Iglesia por bastantes años como maestro de escuela dominical, iglesia perteneciente a Las Asambleas de Dios en México.

En el año de 1984 egrese de la Facultad de Contaduría y Administración de la Universidad Autónoma de Chihuahua, (en México) como Contador Público, profesión que he ejercido desde entonces, con un desarrollo como Contador general de empresas, Gerente administrativo, Gerente financiero, Contralor y desde el año 2002 como Consultor de empresas en temas financieros, administrativos y organizacionales.

Si querido lector, el párrafo con el que comienzo este libro en la introducción, se refiere a mí, repito, las malas decisiones, tal como el hijo prodigo que mal gasto su herencia, termine mal administrando mis dones. Yo que asesoraba a otros, no me asesore en la administración del talento o don que Dios me había encargado, termine perdiendo; aceptación en mi congregación, familia y empleos. De pronto me vi en el desierto del cual habla el profeta Oseas 2:14, sin nada, en completo silencio para poder escuchar la voz que hablo a mi corazón.

Después de haber pasado 2 días en un cuarto prestado, sobre unas tablas para dormir, en el mes de Mayo del 2014, Dios me ha dado la oportunidad de volver a casa, tal como el hijo prodigo, Dios ha sido bueno conmigo, restituyendo mi vida en todos sentidos, es por eso mi compromiso de escribir este libro, como un aporte de mis experiencias laborales, pero dentro de lo que Dios demanda, deseo con todo mi corazón que los consejos de este libro sirvan para corregir rumbos financieros como el mío y sea restituida la bendición que Dios tiene para ti.

Enrique Santos Pérez.

Made in United States
Troutdale, OR
11/03/2026

56844888R10060